LA BIOGRAPHIE

DE

M. DE MARTIGNAC

DISCOURS

PRONONCÉ A LA CONFÉRENCE DES AVOCATS

J. Claye, imprimeur
r. S.-Benoît 7 à Paris

LA BIOGRAPHIE

DE

M. DE MARTIGNAC

DISCOURS

PRONONCÉ A LA CONFÉRENCE DES AVOCATS

Le Samedi 10 Décembre 1864

PAR

LÉOPOLD TOUSSAINT

Avocat à la Cour impériale

PARIS

IMPRIMERIE DE J. CLAYE

7, RUE SAINT-BENOIT, 7

1865

Je veux consacrer cette première page à remercier toutes les personnes qui ont bien voulu faciliter mes recherches dans ce travail, et en particulier M. Klipsch, conseiller à la Cour de Bordeaux, M. Degrange-Thouzin, président à la même Cour, et M. Degrange de Martignac, qui a mis un empressement plein de bienveillance à me communiquer les manuscrits laissés en sa possession par l'homme illustre dont il porte le nom.

J'ai beaucoup emprunté, en ce qui concerne l'histoire du barreau de Bordeaux, à l'excellent ouvrage publié sous ce titre : *Le barreau de Bordeaux de 1775 à 1815*, par Henri Chauvot, avocat (Paris, Durand, 1856).

Monsieur le Batonnier,

Messieurs et chers Confrères,

La vie que nous allons étudier ne s'est point passée parmi nous; cependant elle ne nous est pas étrangère. Une ancienne coutume de notre ordre nous apprend à considérer comme membres d'une même famille tous les hommes voués à notre profession. Cette tradition, toujours florissante, s'est en quelque sorte rajeunie lorsque nous avons vu les bâtonniers des barreaux de province accourir à Paris, pour fêter le grand orateur que nous sommes fiers de compter dans nos rangs.

C'est pour ajouter un nouveau gage à ces sentiments fraternels, que nos anciens ont désigné comme sujet de ce discours la biographie de M. de Martignac, avocat à la Cour de Bordeaux. Parmi tant de barreaux illustres entre lesquels ils pouvaient choisir, une inspiration délicate les a conduits vers celui qui donnait, il y a deux ans, un chef à notre ordre, et à notre conseil un de ses membres qui l'honorent par le double éclat d'un beau talent et d'un beau nom.

Mais M. de Martignac ne fut point seulement avocat. Procureur général, député, ministre, son exemple nous montre comment les mêmes qualités peuvent assurer le succès au barreau, dans la magistrature, à la tribune politique.

Il ne fut point entraîné vers notre profession par une de ces vocations impérieuses qui dominent la vie; il s'y laissa conduire plutôt qu'il ne la chercha ; mais, dès qu'il l'eut embrassée, il en devint l'ornement. Non qu'il se soit livré à ces immenses labeurs qui remplirent l'existence des Paillet et des Liouville; il ne donna au travail que ce qu'il ne put lui dérober sans scrupule, et les soucis des affaires ne jetèrent qu'une ombre fugitive sur son visage où régna le sourire. La nature l'avait fait pour comprendre, pour exprimer, pour charmer sans peine, pour aimer la vie, pour la rendre aimable ; l'effort n'était ni dans son humeur ni dans son talent; et, lorsqu'à l'appel du malheur. un dévouement généreux lui imposa des fatigues inconnues, il accepta l'épreuve, mais il en sortit brisé.

Magistrat, chargé de porter la parole dans des affaires capitales, il sut être humain en restant sévère ; lorsque l'ascendant de son éloquence avait provoqué la condamnation des coupables, il employait son influence pour obtenir l'adoucissement de leurs peines.

Homme d'État, non-seulement il conserva dans les luttes politiques la politesse des manières et la modération du langage, mais il fut un de ces esprits rares qui savent reconnaître leurs fautes et se plier aux exigences de leur temps. Ses premiers discours n'avaient point été pour la liberté : lorsqu'il l'eut mieux connue, il comprit qu'elle était dans le génie de notre nation, et ce génie était trop le sien pour qu'il ne fût pas converti à l'aimer lui-même. Mais il ne s'en tint pas à une affection stérile et à des caresses menteuses; il voulut porter dans les faits les réformes qu'avait conçues son esprit; et la France, surprise et ravie, put voir un de ses ministres abolir la censure, améliorer la condition de la presse et faire briller dans les élections une impartialité inconnue jusque-là, et qu'on n'a pas toujours pratiquée dans la suite. Son gouvernement dura peu; mais il a jeté dans l'histoire une lueur étincelante, et il excite dans la postérité cette sympathie qui s'attache aux tentatives généreuses que le malheur des temps a comprimées dans leur essor.

Sans doute, dans cette carrière brillante, il y a des ombres que la critique impartiale saura faire ressortir. M. de Martignac eut ses défauts; il se serait bien gardé de n'en pas avoir. Mais, par une dernière faveur du sort, il plaît encore par ses faiblesses, parce qu'elles flattent les instincts de notre nation.

C'est ainsi qu'il passa à travers les hommes, répan-

dant autour de lui le charme de sa personne et les
grâces de son esprit. Sa plus grande passion fut le désir
de plaire. Il mettait à cela une certaine ambition qui est
la coquetterie des cœurs généreux. Il réussit à merveille
dans ce rôle qu'il aimait, car il réunissait deux qualités
qui assurent le succès, une belle éloquence pour exprimer les sentiments d'une belle âme.

J.-B. Sylvère Gay de Martignac est né à Bordeaux
le 20 juin 1778. — Sa famille était originaire du Li-
mousin, où elle avait occupé de hautes fonctions dans la
magistrature et l'administration. C'était une de ces mai-
sons où se conservait le goût des mœurs austères et des
fortes études. Un savant, du nom d'Étienne de Martignac, avait été connu au XVIIe siècle pour ses traduc-
tions des auteurs anciens. Le jeune Sylvère hérita de
cet attachement pour les lettres, mais il remplaça les
habitudes studieuses de ses aïeux par une merveilleuse
facilité.

La ville de Bordeaux, où il était né, située dans une
riante contrée dont le sol lui prodigue une facile richesse,
sous un ciel doux et lumineux, ville d'affaires, de luxe
et de plaisir, unissait à l'activité commerciale toutes les
dispositions des pays fortunés, un génie aisé, un tour
d'imagination vive et colorée, le don des mots heureux,
le sentiment de la mesure et ce goût d'oisiveté somp-
tueuse dont les élégances mondaines et les joies délicates
tournent à l'avantage de l'esprit. M. de Martignac porta
jusqu'à une extrême finesse tous les instincts de sa ville
natale. Il en eut le langage facile, le goût sûr, l'élé-

gance native, l'entente des affaires ; il en eut aussi toutes
les nonchalances.

Les impressions qui accueillirent son enfance furent
des plus heureuses. Ses premiers regards s'ouvrirent
sur une société choisie que les derniers jours de l'ancien
régime animaient d'un éclat mourant. Bordeaux, capitale de l'ancienne province de Guyenne, comptait dans
ses murs une noblesse nombreuse, une bourgeoisie en-
richie par le commerce, un parlement illustré par Mon-
tesquieu, un barreau sur lequel jetait ses premiers feux
l'éloquence naissante des girondins. M. de Martignac
père, avocat au parlement de Bordeaux, et l'un des plus
distingués de son ordre, était lié avec ce qu'il y avait
de mieux dans la ville. Au sein de ce monde poli et let-
tré auquel s'ouvrait la maison paternelle, le jeune de
Martignac se laissait pénétrer à toutes les influences
qu'exerce sur une nature nerveuse un entourage d'élite.
Son esprit précoce puisait à toutes les sources de l'intelligence ouvertes autour de lui. Ses études se firent
comme par enchantement, d'abord dans la maison de
son père, puis au collége de Bordeaux. Sa famille garde
encore les médailles que la cité lui décernait comme à
l'un des lauréats les plus distingués. Faciles succès qui
marquaient ses premiers pas dans cette voie fleurie où
il devait marcher toute sa vie !

Il arriva ainsi à sa vingtième année. Il avait répandu
son intelligence curieuse sur mille objets et ne s'était fixé
sur aucun. La dernière chose dont il se fût soucié était
le soin d'une carrière. Cependant on était en 1798 : le

passé était sanglant, l'avenir incertain. Tout homme,
inquiet du lendemain, ne devait compter que sur soi-
même. Pénétré de cette pensée, M. de Martignac père
aurait désiré attirer son fils dans cette profession qu'il
honorait par ses talents; mais le jeune homme montrait
peu d'empressement pour une carrière si laborieuse. La
diplomatie sollicitait son imagination disposée à se porter
vers les côtés brillants de la vie. Elle offrait un aliment à
des appétits mondains qui s'étaient déjà révélés, et un
théâtre à des facultés brillantes qui ne demandaient qu'à
se produire. M. de Martignac père l'attacha à Sieyès, qui
partait en ambassade extraordinaire pour Berlin.

Le hasard ne pouvait réunir deux hommes plus différents : l'un, penseur solitaire et absolu, l'esprit travaillé
de systèmes; l'autre, livré à toutes les impressions exté-
rieures, et le moins exclusif des hommes d'État. Il est
regrettable qu'on n'ait point de renseignements sur leurs
rapports intimes. Sous la Restauration, le grand organi-
sateur, qui avait posé en France les premières assises du
régime parlementaire, fut banni comme régicide; et
M. de Martignac évitait de revenir sur cette époque de sa
jeunesse. Du reste, leur commerce dura peu. La mission
de Sieyès fut bientôt terminée à la satisfaction du gouvernement; M. de Martignac revint à Paris.

En ce temps-là, toute la jeunesse entrait dans l'armée,
les uns par patriotisme, les autres par nécessité. M. de
Martignac suivit l'exemple général, et le jeune diplomate revêtit l'uniforme des chasseurs à cheval. On se

demande comment cette complexion délicate eût sup-
porté les fatigues de la guerre ; mais son régiment ne fit
point campagne : la littérature et les salons occupèrent
seuls ses instants.

Il eut alors la fantaisie de s'exercer à des composi-
tions théâtrales, et fit jouer plusieurs vaudevilles. L'une
de ces pièces, *Ésope chez Xanthus*, réussit fort bien. C'est
une comédie d'un tissu délié, égayée par l'esprit le plus
fin. Ses succès lui avaient ouvert le monde des théâtres ;
en même temps, il fréquentait la bonne compagnie. Ces
deux sociétés, sous le Directoire, se touchaient par bien
des côtés. M. de Martignac allait de l'une à l'autre et se
montrait fort empressé à profiter des facilités qu'elles
lui offraient. Il était alors dans la fleur de la jeunesse.
Une taille peu élevée, mais bien prise, des cheveux
bouclés, des yeux bleus très-doux, sur lesquels retom-
baient avec mollesse des paupières légèrement abaissées,
une physionomie mobile, beaucoup de finesse, des passions ardentes avec une voix mélodieuse pour en exprimer
les désirs, cet ensemble, relevé par infiniment d'esprit
et de grandes manières, faisait de M. de Martignac un
homme fort séduisant, pendant que les entraînements de
son âge le livraient à toutes les séductions.

M. de Martignac père, dont l'esprit positif accor-
dait peu de créance à ces succès littéraires et redoutait
les succès du monde, rappela son fils près de lui, résolu
cette fois de l'attacher au barreau. Le jeune officier
quitta le régiment et vint recevoir dans le cabinet pater-
nel les premiers enseignements de notre profession.

M. de Martignac père était un de ces hommes d'une
trempe robuste qui réunissent la puissance du travail et
la puissance du talent. Une science profonde, une étude
consciencieuse des affaires, ajoutaient à l'autorité de sa
parole forte et colorée. Il s'y joignait une certaine âpreté
qui ne messied pas aux jurisconsultes, et de ces rudesses
de langage que donne une logique sans pitié. Peut-être
était-ce un souvenir de sa jeunesse, car ce vaillant jou-
teur avait commencé par être soldat. Il avait même fait
la guerre en Flandre et en Allemagne. La paix conclue,
son régiment licencié, sans se déconcerter, il avait quitté
Brives, sa patrie, pour s'établir au barreau de Bordeaux, où il avait épousé la fille d'un jurat. La fortune
avait favorisé ses débuts, en lui donnant pour adversaire
l'illustre De Sèze, contre lequel il s'était mesuré sans
trop de désavantage. Sa volonté tenace et son intelligence supérieure l'avaient ensuite élevé au premier
rang. C'était un esprit chercheur, en cela fort différent
de son fils, qui était tout de premier jet; mais ils se res-
semblaient par une physionomie franche et ouverte, et
une grande affabilité.

Lorsque son fils commença de plaider, il se retira
de l'audience dans le rôle paisible d'avocat consultant,
qui convenait à ses goûts, et se renferma dans ses chères
études. Un commentaire qu'il publia des lois promul-
guées de 1789 à 1804, donne la mesure de son savoir
et de sa patience. Son opinion avait grand poids; et,
comme il avait la science prompte autant que bienveil-
lante, il était l'oracle des jeunes avocats. C'était, dit un

de ses biographes, comme un dictionnaire toujours
ouvert à l'endroit dont ils avaient besoin.

La Révolution avait mis à l'épreuve l'énergie de son
caractère. Traduit devant l'instituteur Lacombe, devenu
président du tribunal révolutionnaire, et qu'il avait con-
damné lui-même, étant membre de la jurade, pour faits
d'escroquerie, il se porta accusateur de cet étrange
magistrat, et, soutenu par les sympathies de la foule,
qui l'appelait l'*avocat des pauvres,* il provoqua sa des-
titution.

Lors de la réorganisation de la justice, sous le Con-
sulat, Treilhard lui avait offert la charge de président du
tribunal qui devint plus tard la Cour de Bordeaux. Il
refusa. Attaché à la famille des Bourbons, il ne voulait
rien devoir au nouveau régime. Lorsqu'en 1846, l'exercice de fonctions publiques put se concilier avec ses
convictions, il accepta une place de conseiller à la Cour.
C'est dans cette charge qu'il mourut en 1820.

Tel était le précepteur, à la fois aimable et grave,
sous lequel le jeune de Martignac allait commencer
l'étude des lois.

Cette étude, toujours pénible, l'était encore davantage à cette époque. Les anciennes difficultés des lois
romaines et des coutumes s'étaient accrues de toutes
les contradictions du droit intermédiaire. Il y avait de
quoi rebuter un écolier mieux préparé. Dès le premier
jour, M. de Martignac fut à l'aise avec sa nouvelle condition. Il entra d'une vive allure dans ces sentiers de la
science où son père le guidait. N'allez pas vous le repré-
senter la tête penchée sur de vieux livres dans le silence

des veilles laborieuses! La ville de Bordeaux lui offrait trop de distractions de son goût pour qu'il se mît à ce régime-là. Mais d'un mouvement rapide et sûr, il allait droit au cœur des questions; en un instant, tout était éclairci, pénétré, retenu; et déjà sa fantaisie se tournait à d'autres objets. C'est par cette voie semée de caprices, et embellie de tous les agréments d'une humeur enjouée, qu'il fut conduit vers ses débuts, à la Cour de Bordeaux. Il avait été diplomate par occasion, officier par mégarde, homme de lettres avec délices; il devint avocat par obéissance; il était orateur par tempérament.

Depuis vingt ans, le barreau de Bordeaux était réputé entre tous pour le nombre et le talent de ses avocats. La belle conduite de De Sèze, les harangues étincelantes des girondins, leur fin tragique, en marquant sa place dans l'histoire, l'avaient entouré d'un lustre sans égal. Malgré le changement des opinions politiques, on y avait conservé le culte de cette éloquence sonore, pompeuse, emportée, éblouissante d'images, que Vergniaud avait répandue sur l'Assemblée législative. Le palais était une école où les traditions, précieusement gardées par les anciens, étaient par eux transmises à leurs jeunes confrères. On y visait surtout à l'effet oratoire. L'exorde était soigneusement orné, à la manière antique. Le récit des faits ouvrait une large carrière où les détails arides étaient rehaussés par des ajustements d'une étoffe un peu luxueuse, où l'attention était piquée, divertie, entraînée par des traits mordants, des réticences ou des insinuations malignes, des peintures délicates amoureusement travaillées, des mouvements pathétiques, enfin par une variété étudiée où s'épuisaient tous les artifices d'une rhétorique savante. Dans la discussion, les différentes questions du procès, dégagées d'abord avec précision et dans un ordre rigoureux, étaient ensuite traitées avec complaisance, chaque point formant comme le chapitre d'un livre, avec un titre détaché. Si le débat était en droit, les considérations morales, ajoutées à la controverse juridique, mêlaient les satisfactions du cœur aux exigences de la raison. Mais les plus grands efforts étaient réservés pour la péroraison, où l'imagination du Midi déployait toutes ses richesses. Tout cela, préparé à loisir dans les méditations du cabinet. Ces hommes, qui savaient improviser avec bonheur, s'imposaient la tâche d'écrire leurs plaidoiries. Ils ne voulaient rien laisser au hasard de ce qu'ils pouvaient lui enlever. Ils rachetaient les inconvénients de cette manière laborieuse par l'adresse de l'élocution.

Aujourd'hui notre goût est plus simple. Ces plaidoiries nous choquent par l'enflure et un air suranné. Mais elles ont aussi leurs magnificences. Considérées dans leur ensemble, et en faisant la part de certains défauts, elles offrent de beaux monuments de cette éloquence appelée par les anciens l'éloquence asiatique, qui fit d'Hortensius le rival de Cicéron.

Dans ce barreau, qui comptait tant d'hommes supé-

rieurs, un mérite égal, mais différent, plaçait sur la
même ligne Lainé, Ravez et Ferrère.

Lainé mêlait les effusions du cœur aux plus hautes
pensées. Il n'était sujet si vulgaire auquel il ne sût
prêter une grande figure. Mais son talent plein de sou-
plesse se pliait aux causes les plus frivoles. On l'avait
vu plaider à propos d'un perroquet, et jeter, sur cette
trame légère, les agréments de la plus gracieuse fantaisie.

Une taille élevée, un beau visage, un air imposant,
fixaient d'abord sur Ravez l'attention de l'auditoire;
puis, lorsqu'il déployait sa large voix, et déroulait dans
une argumentation puissante les textes de ces lois qu'il
connaissait si bien, on oubliait son langage un peu
rude pour admirer la majesté de la science qui resplen-
dissait en sa personne.

La tribune politique a montré la valeur de ces
hommes et les effets de cette forte discipline qu'ils avaient
observée.

Ferrère n'eut point, comme eux, l'avantage de
paraître sur ce grand théâtre, où il les eût peut-être
surpassés. Il était, des orateurs de son temps, celui
qui rappelait le mieux les girondins. Sa parole était
comme la passion, toujours brûlante, parfois inculte.
Au temps de la Terreur, on l'avait vu s'enfoncer
dans les Pyrénées, pour se venger, disait-il, avec
Tacite. Il en était sorti le cœur trempé par cette
lecture fortifiante, et l'imagination pénétrée de toutes

les couleurs des belles montagnes qui l'avaient abrité.

Autour de ces hommes se pressaient l'insinuant, le tortueux, l'insaisissable Émérigon; De Saget, jurisconsulte comme son maître Ravez, avec plus d'esprit; Degrange-Thouzin, beau-frère de Martignac; Barennes, Duranteau et celui qui, après avoir été l'ami d'enfance de M. de Martignac et le compagnon de sa jeunesse, devenu plus tard son rival, devait échanger avec lui un adieu touchant et solennel dans cette audience de la chambre des pairs où il comparaissait comme accusé, le futur ministre des ordonnances, de Peyronnet.

C'est au milieu de cette foule de talents d'élite que devait se frayer un chemin ce jeune avocat, beaucoup plus connu pour ses jolis vers que pour sa science juridique. — Vous tous, mes jeunes confrères, qui, dans un ordre plus nombreux et plus illustre encore, venez comme lui tenter la fortune, vous savez quelles sont les incertitudes des premiers pas et les désenchantements des regards portés sur l'avenir! — M. de Martignac ne connut point ces défaillances. Il se plaça naturellement à la tête du barreau. Il apportait ces qualités que le travail ne donne point, qu'il développe à peine, qui naissent dans leur perfection, et, par un double privilége, prêtent à la jeunesse la maturité et conservent à l'âge mûr la fraîcheur de la jeunesse. Il n'avait ni l'élévation de Lainé, ni la science de Ravez, ni la parole tranchante de Peyronnet; mais, à côté de ces talents plus hardis, il fit goûter toutes les douceurs d'une éloquence tempérée. Son génie à lui, c'est l'harmonie. Un jugement correct lui a fait rejeter d'abord l'enflure, les hors-d'œuvre, tout ce qui dépasse les limites d'une juste proportion. Il parle cette belle langue pure, alerte, limpide, qui est par excellence la langue française. Elle tombe de ses lèvres avec une abondance intarissable, et se plie, dans son cours docile, à toutes les inflexions de sa pensée. Lorsqu'il s'émeut, elle s'empreint d'une douce chaleur et s'arrondit au tour cadencé de la période; lorsqu'il raconte, elle court à la surface des faits, dont elle dévoile discrètement les points utiles; lorsqu'il décrit, elle se colore de mille nuances, toujours sobre dans sa variété; lorsqu'il raille, elle petille et jette des étincelles. Elle garde dans ses mouvements une allure toujours libre, et une transparence sans tache, qui laisse voir à nu la pensée. Il n'est pas, dans cet heureux ensemble, jusqu'à ses défauts qui ne prêtent secours à ses qualités. Cette paresse, qui lui était si chère, fuyait la recherche et les faux brillants comme un travail inutile, et, si elle laissait à la pensée une certaine mollesse, elle rachetait ces inconvénients par les avantages d'une grâce négligée.

Par une rare exception, dans une facilité si grande, il a cette qualité éminente de l'avocat, la précision. Du même mouvement dont il saisit son idée, il en marque nettement les contours et fixe le point où la phrase doit s'arrêter. Il porte le même talent dans l'ensemble : ses discours sont des modèles de composition.

Dans les affaires civiles, il évitait les longs exordes

où se plaisaient ses confrères. Quelques mots empruntés au sujet le menaient droit au fait, qu'il exposait avec simplicité. Il suivait, dans son récit, le cours des événements, et n'en prenait que ce qui était important. Il y apportait une telle candeur, en même temps il savait donner aux choses qu'il racontait un tour si agréable avec un grand air de vérité, qu'il amenait insensiblement à voir les choses comme il voulait.

C'est ainsi qu'il préparait la discussion. Il la divisait, suivant l'usage, en plusieurs parties fortement séparées ; mais il la dépouillait des citations inutiles et des longueurs à la mode : comme il voyait vite et bien, il se portait d'abord aux bonnes raisons et n'en voulait pas d'autres.

Son langage étant toujours aisé et d'une élégance naturelle, il traitait des matières de droit comme il traitait de tout, sans qu'on y surprît la moindre différence.

Il n'était pas grand jurisconsulte. Ravez le sommant de répondre à l'autorité de certains savants aux noms barbares, « On m'oppose, dit-il, une doctrine de Benkerskoff ; je ne dédaigne jamais ceux que je ne connais pas... » Mais il suppléait à la science qui s'acquiert par la pénétration qui ne s'acquiert pas. Lorsque son instinct lui avait fait deviner sous un procès quelque question embarrassante, on le voyait se diriger vers Blanquefort, près de Bordeaux, où était la maison de campagne de son père, pour consulter l'oracle. Alors il recom-

mençait les leçons d'autrefois, et, comme autrefois, la
justesse et l'impétuosité de son jugement avaient bien
vite emporté la difficulté.

Il aimait, en terminant, à concentrer en quelques
traits les grands points du procès. Cela lui tenait lieu de
ces péroraisons où s'étalait la fastueuse éloquence du
temps.

S'il était défendeur, il résumait avant la discussion
les moyens de la partie adverse avec une loyauté si
grande et une telle façon de tout dire en peu de mots,
que ses adversaires se miraient en souriant dans ses
plaidoiries.

Dans les affaires criminelles, il apportait plus d'étude
à orner les commencements de ses discours, qu'il savait
rendre insinuants et propres à toucher les cœurs. Il s'a-
bandonnait aussi aux élans d'un souffle plus libre et
donnait à son imagination plus d'essor. Alors, son éloquence prenait une couleur tendre et une onction qui
pénétraient. Il séduisait, il ravissait, il fascinait les jurés.
Il fut, des avocats de son temps, celui qui réussit le
mieux auprès des cours prévôtales. Ces succès s'expliquent encore aujourd'hui lorsqu'on lit ses discours ; on
trouve, dans son style élégant et cadencé, comme une
image de lui-même. Mais c'est à la barre qu'il fallait
le voir et l'écouter, lorsqu'il se levait devant l'auditoire
avec une aisance modeste, le visage doucement éclairé
par les lueurs d'une inspiration contenue, respirant dans
toute sa personne, comme un parfum subtil, la grâce,
l'élégance, tout ce qui charme, tout ce qui captive, et
modulant, au rhythme d'un geste harmonieux, les accents

de cette voix qui est restée comme un chant divin dans le souvenir de ceux qui l'ont entendue.

La première cause qu'il plaida au criminel révèle déjà toutes ces belles qualités. Il parlait dans une affaire de chauffeurs dont les détails rappellent ces histoires de brigands qui ont effrayé notre enfance. Des bandes d'hommes armés, sous prétexte de résister aux réquisitions du gouvernement, s'étaient jetées dans les bois et les landes incultes, d'où elles sortaient la nuit pour s'adonner au pillage, au meurtre, à l'incendie, aux plus barbares mutilations. Elles avaient, dans les villages, des affiliés et même des chefs qui, livrés dans le jour aux occupations de citoyens paisibles, prenaient le soir le rôle de bandits. M. de Martignac avait été commis d'office pour défendre un jeune homme de dix-sept ans, que les menaces et les coups avaient forcé de participer à plusieurs de ces expéditions nocturnes.

Son discours est un modèle de ce que l'on appelle les mœurs oratoires. Cette belle ingénuité de la jeunesse, cette pudeur de la première parole, timide et rougissante, s'y montrent dans tout leur jour.

Quand il en vient à raconter comment le malheureux Grasset (c'est le nom de son client) fut entraîné par les bandits, son récit a la simplicité naïve d'une légende.

Ce pauvre Grasset était un garçon bouvier, sans malice. Il avait pour voisin le terrible chef des chauffeurs, qu'il ne connaissait point autrement que comme un vétérinaire très-inoffensif. Celui-ci l'invitait souvent à partager ce qu'il appelait *ses promenades*. Grasset refusait par défiance instinctive. Toutefois il ne put tant résister qu'il ne fût forcé de promettre; mais à l'heure où les brigands devaient le trouver chez lui, il s'enfuit dans la campagne pour les éviter. La fatalité voulut que la bande passât par l'endroit même où il s'était réfugié. Ils l'emmenèrent, non sans injures, accompagnées de bons coups de plat de sabre. Grasset, qui comprit à leurs discours, et mieux encore à leurs manières, quels étaient leurs desseins, les suivait en grande peur, méditant l'occasion de s'échapper.

« Il aperçut, dit M. de Martignac, un passage assez étroit à travers une haie, par lequel il espéra pouvoir se glisser. Les ronces, les épines, qui rendaient ce passage presque inaccessible, le danger qu'il courait en cherchant à s'enfuir, la colère de ses terribles voisins, rien ne put l'arrêter; il s'élança à travers la haie, et, tout ensanglanté par les ronces qui l'avaient déchiré, il s'enfuit avec toute la rapidité que ses forces lui prêtèrent. Les brigands s'aperçurent de son projet au moment où il l'exécutait, et, s'avertissant mutuellement, ils firent sur le malheureux Grasset une décharge de toutes leurs armes. Malgré la quantité de balles dirigées contre lui, malgré la proximité, malgré l'adresse des brigands dans cet exercice, Grasset, protégé sans doute par la main divine, ne fut point blessé et parvint à se sauver, pour cette fois, des atteintes de ses ennemis. Il remercia le ciel dont la bonté l'avait préservé, d'un côté, de l'horreur de participer à un crime, de l'autre, de la vengeance des criminels; mais depuis, lorsqu'il s'est vu conduire et jeter au milieu d'eux dans les cachots, lorsqu'il s'est vu traînant avec eux ce fer si pesant de l'esclavage et de l'infamie, il reprocha au ciel son indulgence cruelle. Aujourd'hui, jurés, qu'il est assis sur ce banc malheureux où le peuple cherche les meurtriers dont l'arrêt vous occupe; aujourd'hui qu'il voit tous ceux qui sont ici jeter sur lui un œil de curiosité et d'horreur, il se rappelle avec douleur le péril auquel il est échappé, et, reportant son esprit sur cette époque de sa vie, il se dit en lui-même : « Pourquoi n'ai-je pas « péri ce jour-là? Pourquoi n'ai-je pas été atteint par le « plomb dirigé contre moi? Je n'aurais pas été désho- « noré ; je n'aurais pas vu flétrir mon nom et ma fa- « mille ; je n'aurais pas entendu autour de moi les mur- « mures cruels de ces hommes toujours si prompts à « croire le mal, et pour qui il suffit presque toujours « d'être accusé pour être coupable. En mourant alors, « j'aurais obtenu la pitié qu'on donne aux victimes; « j'inspire aujourd'hui l'horreur qu'on doit aux scé- « lérats..... »

Il continue avec une émotion toujours croissante. Lorsqu'il eut terminé sa plaidoirie, il avait dit toutes sortes de choses gracieuses aux magistrats *dont la bonté ne cherchait que des innocents* parmi les accusés, aux jurés dont il vantait la probité, au procureur général qui avait su, dans le récit des violences exercées contre des femmes, « *ouvrir les yeux à la justice sans les faire baisser à la pudeur;* » son client, s'il devait comparaître dans cette procédure, c'était « *parmi les victimes, et non parmi les coupables.* » Il n'y avait de vraiment malheureux dans cette affaire que le jeune avocat succombant sous la responsabilité d'une tête à défendre. Les jurés ne voulurent point « *arroser de sang ses premiers pas dans une carrière* » qui s'annonçait si belle. Grasset fut acquitté.

L'affaire Cabrol, qui fut au civil une de ses premières plaidoiries, fait voir avec quel art il exposait les faits :

« Cabrol était parvenu à l'âge de vingt-huit ans sans reproche et sans remords ; la jeune, l'aimable Esther, à seize ans, était innocente et pure ; son âme était vierge comme elle ; elle aimait, elle était aimée ; la perspective la plus riante s'offrait à leurs regards. Une faiblesse, un instant, un oubli a tout perdu, tout anéanti : Cabrol est devenu coupable d'un crime affreux, il a trahi la confiance, il a abusé de la faiblesse d'une enfant, il a déshonoré la fille de son protecteur, celle qu'il doit nommer son épouse. Esther, la triste Esther, est devenue criminelle ; elle a perdu cette précieuse innocence qui l'embellissait ; elle est réduite à baisser les yeux ; elle est menacée de l'infamie. Les idées de bonheur s'évanouissent ; l'espérance meurt dans leurs cœurs ; les obstacles qu'ils n'avaient pas prévus auparavant se présentent en foule. Ce père, qu'ils étaient sûrs d'attendrir, ne se montre plus à eux que furieux, inflexible, inexorable ; leur union, dont ils ne doutaient pas, leur paraît désormais impossible, et les tourments réels qui les attendent commencent déjà dans leur imagination. »

Cette effusion de sensibilité gracieuse s'alliait, chez M. de Martignac, à une grande vivacité d'esprit. De cette bouche souriante partait, avec la même facilité, le mot charmant ou le trait moqueur. Il variait avec un art infini toutes les nuances de l'ironie, en s'arrêtant au sarcasme.

L'affaire Hoog contre Dravemann nous montre avec quel bonheur il savait répandre sur un sujet la couleur et la raillerie.

Dravemann, négociant bordelais, avait affrété pour Saint-Domingue un navire russe commandé par le capitaine Hoog. Le prix du fret devait être payé en or ou en argent. A Saint-Domingue, le négociant de Bordeaux prétend contraindre le capitaine à recevoir en payement de petites pièces de cuivre, revêtues d'un arbre de la liberté, espèce de monnaie du pays appelée *gourdes,* dont la valeur intrinsèque était inférieure à la valeur nominale. Un jugement du tribunal de Saint-Domingue avait validé cette prétention. — M. de Martignac demande, devant la justice française, la nullité de ce jugement. Il dépeint la situation de son client, forcé de se présenter devant le tribunal de Saint-Domingue.

« Le capitaine russe, transporté sur le sol de Saint-Domingue, se trouva dans la situation la plus difficile. Sur cette terre encore humide du sang des Européens, au milieu d'une horde de cannibales toujours armés de la torche et du poignard, l'idée de la résistance était accompagnée de celle de la mort. Ne pas comparaître devant le noir tribunal où le négociant bordelais appelait loyalement le capitaine russe, c'était se rendre coupable d'irrévérence et de rébellion ; y comparaître et essayer d'y justifier son refus de recevoir la monnaie de la République, c'était encore s'exposer à un véritable danger.

« Le capitaine Hoog eut pourtant le courage de prendre ce dernier parti. Il comparut devant ce burlesque aréopage composé d'ignorants Africains, qualifiés de juges par la même puissance qui avait qualifié de gourdes les petits lambeaux de cuivre, et il essaya de leur faire comprendre ce que c'était que la loi, les conventions et la justice.

« Il leur dit donc : « Si j'étais destiné à passer mes
« jours sur l'heureuse terre de la liberté et de l'égalité ;
« si ma place était marquée au milieu des citoyens de la
« République et à l'ombre du palmier protecteur d'Haïti,
« je recevrais avec respect et même avec reconnais-
« sance le payement qui m'est offert ; mais un tel bon-
« heur ne m'est pas réservé. Je dois retourner en Europe,
« et rendre compte aux propriétaires du bâtiment que
« je commande, de l'exécution des conventions dont je
« leur ai donné connaissance : je dois rapporter sur les
« terres de la servitude le prix qui m'a été promis. Ce
« prix doit m'être payé en or ou en argent. Telle a été
« la convention souscrite avec moi ; et, à moins qu'il
« n'y ait ici des lois (que je révère d'avance) qui disent
« que les contrats sont des jeux, et que rien n'oblige à
« les exécuter, je crois qu'il est juste d'ordonner que je
« sois payé avec l'un de ces deux métaux.

« Je sais que la monnaie d'Haïti est fort belle et fort

« bonne, qu'il faut être bien aveugle pour n'en pas
« sentir tout le prix ; mais cet aveuglement existe encore
« dans les pays de l'Europe, où la civilisation est moins
« parfaite et où l'indépendance n'est pas assise sur des
« bases aussi respectables ; mais enfin, cette monnaie,
« si j'ose m'exprimer ainsi, est composée de cuivre, et
« il faut que je rapporte de l'or ou de l'argent. »

« Telle fut la défense du citoyen de Riga ; et ce ne
fut pas sans rechercher avec inquiétude sur les noires
figures qui l'écoutaient l'effet qu'elle pouvait produire,
qu'il se hasarda à la prononcer tout entière.

« Le résultat est déjà prévu. Les juges d'Haïti
étaient au même titre que la monnaie refusée ; ils trou-
vèrent le refus irrévérend... »

Pour marquer en quelques mots la place que M. de
Martignac doit occuper dans l'histoire du barreau, on
peut dire qu'il tient le milieu entre l'école de son temps
et celle du nôtre. Il appartient à la première par le soin
littéraire, l'habitude d'écrire, la division méthodique ;
il se rapproche de la seconde par la simplicité et la
précision.

Mais on ne connaîtrait M. de Martignac que d'une
façon très-incomplète, si l'on ne le voyait qu'au barreau.
Pour achever de l'apprécier, il faut le suivre dans le
monde et les réunions littéraires, qui se partageaient
avec les affaires l'emploi de son temps.

Au moment où il allait prononcer sa première plaidoirie, Ferrère avait écrit sur son code l'impromptu suivant :

> Un des soutiens du vaudeville
> A quitté le sacré vallon
> Pour la procédure civile
> Et le Code Napoléon :
> Dans la carrière de Thémis,
> Puisse du goût ce jeune apôtre
> Cueillir un jour autant de fruits
> Qu'il a semé de fleurs dans l'autre.

Le jeune apôtre du goût cueillit beaucoup de fruits dans la carrière de Thémis, mais ne cessa point de *semer des fleurs dans l'autre.* — Au sein d'une ville amie des plaisirs de l'esprit, et d'un barreau où la plaidoirie était une œuvre d'art autant qu'une discussion d'affaires, il trouvait de nombreuses occasions de se livrer à ces distractions à la fois mondaines et littéraires qui firent de tout temps les délices de sa vie. Bordeaux avait vu fleurir avec orgueil plusieurs sociétés consacrées aux arts et aux lettres. La *Société du Musée,* fondée en 1782 par trois membres du barreau, Duranteau, Saige et Lisleferne, avait longtemps réuni l'élite de la ville. On y comptait en 1787 soixante avocats. Divisée plus tard par les dissentiments politiques, elle avait enfanté le *Cercle des amis de la liberté,* où Vergniaud, Guadet, Gensonné, avaient entraîné à leur suite toute la jeunesse libérale. C'était de là qu'étaient partis les girondins pour prononcer leurs immortelles harangues et mourir.

Les événements politiques avaient dispersé ces réunions, quand M. de Martignac revint à Bordeaux, le

cœur rempli des regrets de la vie parisienne. Pour se
consoler des joies perdues, il institua une nouvelle société
dite *des Vaudevillistes*. Le nom seul en indique l'esprit ; le
règlement nous en apprend les travaux. Il a été mis en
vers par M. de Martignac en trente-trois couplets sur
des airs différents. C'est ainsi qu'il se préparait au rôle
de législateur.

> Ordonnons qu'on s'assemble,
> Comme ils font à Paris,
> Pour dîner tous ensemble,
> Comme ils font à Paris ;
> Qu'on fasse bonne chère,
> Comme ils font à Paris ;
> Et qu'on vide son verre,
> Comme ils font à Paris.
>
> Par mois on s'assemble une fois,
> Et ce sera le vingt du mois.
>
> Après dîner chaque membre écrira
> Le premier mot qui lui viendra,
> Et puis le jettera
> Dans cette urne redoutable
> Qui tout autour de la table
> Après passera ;
> Chacun prendra
> Le mot qui lui viendra,
> Chez soi le traitera,
> Et puis l'apportera,
> En prose, en vers, comme il voudra,
> Au dîner qui suivra.

Je ne me serais point permis ces citations dans une
grave assemblée comme la vôtre, si je ne les croyais

autorisées par les noms des sociétaires énumérés dans
le dernier couplet.

> Nous, formant la société,
> Approuvons notre comité,
> Reconnaissons son écriture,
> Légalisons sa signature ;
>   Et a, chacun de nous,
> Signé comme on voit ci-dessous :
> Émérigon, Duhamol et Ferrère,
> Mezès, Laîné, Duranteau, Peyronnet,
> Pontet, Gradis, Laborde, Bergcret,
> Et Martignac, rédacteur-secrétaire.

Les délices d'une table exquise et les divertisse-
ments de l'esprit, tels étaient, comme autrefois dans
Athènes, les délassements de ces hommes, dont plusieurs ont dirigé la politique de leur pays. Ils pensaient
que notre destinée ici-bas n'est point dans une lutte
sans merci ni trêve, que les instants donnés à la joie
ne sont pas les moins profitables, et ils jetaient ces
élégants badinages, comme autant de fleurs, sur la face
sérieuse de la vie. Ils se livraient aussi à des inspirations d'un ordre plus relevé. Alors la sensibilité
rêveuse de Laîné et l'ardente imagination de Ferrère se
donnaient carrière. Mais le plus surprenant entre tous
pour la facilité, la verve, la gaieté communicative,
c'était M. de Martignac. Les mots heureux, les contes
amusants, les petits couplets se pressaient sur ses lèvres.
Il mettait en rimes les lettres d'invitation, les pro-
grammes, les prospectus et jusqu'aux demandes de
fonds adressées aux sociétaires.

Il portait le même entrain dans les salons, où il était fort répandu et encore plus goûté. Le monde occupait ses soirées avec le théâtre, qu'il aimait de prédilection ; il lui rappelait le temps où il faisait des comédies. Ces habitudes le menaient fort avant dans la nuit. Il rentrait tard et ne se levait pas matin. Il préparait ses plaidoiries dans l'intervalle, suivant les nécessités de l'audience. Il les écrivait tout au long, d'une écriture rapide et presque sans ratures. Le plus souvent, il travaillait accoudé sur sa fenêtre, qui donnait au rez-de-chaussée sur la rue. S'il survenait quelque bruit au dehors, la fenêtre s'ouvrait, et l'on voyait s'avancer une tête curieuse : c'était notre avocat. Passait-il un ami, il l'appelait, et s'égarait bientôt, loin de son affaire, dans une de ces causeries familières où il excellait. Cependant au jour de l'audience, la plaidoirie était prête, et, débitée avec un art infini, elle défiait les assauts des plus redoutables adversaires. S'il était trop pressé, il improvisait, ce qui était une exception remarquée aux habitudes du temps.

Nous voilà bien loin, mes chers confrères, des leçons que nous sommes accoutumés d'entendre dans cette enceinte, et des exemples vivants que nous avons sous les yeux. Que dirait l'illustre Liouville, lui que le soleil le plus matinal ne surprit jamais endormi? C'est que M. de Martignac était pour la facilité un homme extraordinaire, dont il serait imprudent de suivre les traces ; mais notre émulation peut se rejeter sans réserve vers ces merveilleuses qualités, la méthode, la sobriété, le bon goût dont il est resté un modèle achevé.

M. de Martignac était tout entier à ces occupations variées, lorsqu'éclatèrent sur Bordeaux les événements de 1814.

Cette ville n'aimait point l'Empire. Son commerce ruiné, son port désert accusaient les désastres des longues guerres et les erreurs du blocus continental. Chez les avocats, ces dispositions étaient encore entretenues par cette haine de l'arbitraire, qui est l'âme de notre profession. Élevé dans le culte du royalisme le plus pur, M. de Martignac partageait tous ces sentiments. Il accueillit avec enthousiasme le retour des Bourbons.

Il ne prit aucune part aux événements du 12 mars; mais, après le retour de l'île d'Elbe, enrôlé dans la milice et attaché comme aide de camp au colonel de Pontac, il campa sur les bords de la Garonne en face du général Clauzel, chargé par l'Empereur de prendre possession de Bordeaux. Il a publié une petite brochure où il peint au vif cette campagne d'un jour, le départ fanfaron des volontaires, suivi d'une désertion générale quelques heures après. On pense bien qu'il n'écrivait pas pour se laisser oublier. Aussi ce que l'on voit ressortir avec le plus de relief dans cette peinture, c'est la figure du nouvel aide de camp, tantôt porté sur une barque avec quelques hommes et rompant un pont de bateaux sous les balles ennemies, tantôt passant à toute vitesse au front des avant-postes pour porter les ordres de la duchesse d'Angoulême. Il avait été en effet chargé de négocier avec le général Clauzel le départ de cette princesse. Il laissa dans l'esprit de cet

officier une impression si favorable, que celui-ci le re-
commanda à l'Empereur pour être décoré. Cette proposition entrait dans les vues de Napoléon, qui désirait
se rallier la ville de Bordeaux. Non-seulement M. de
Martignac refusa la croix; mais, lorsque les avocats de
Bordeaux prirent la résolution unanime de cesser toute
plaidoirie pendant le règne de l'*usurpateur,* ce fut lui
qui inscrivit cette délibération sur les registres de
l'ordre. Cette détermination a été critiquée avec justesse; elle sacrifiait l'intérêt des plaideurs sans grand
avantage pour la politique.

Mais la Restauration allait mettre à une autre
épreuve le courage des avocats de Bordeaux, et montrer
qu'il est souvent moins difficile de lutter contre ses
ennemis que de résister aux passions de son propre
parti.

La réaction avait amené de sinistres vengeances ; les
commissions militaires multipliaient les exécutions.
L'histoire a conservé le nom des frères Faucher, pour
déplorer leur mort cruelle, et flétrir à la fois le pouvoir
qui les a frappés, et les avocats qui leur ont refusé leur
appui. Aux plus mauvais jours de la Révolution, alors
que le soupçon seul de la pitié donnait la mort, les victimes les plus menacées avaient trouvé des défenseurs ;
et, si les efforts de ces hommes généreux sont restés
inutiles, si leur tête a subi la persécution, la postérité,
qui distribue la gloire, ne leur a point ménagé les cou-
ronnes. Sous un gouvernement régulier, après l'enseignement de ces grands exemples, deux frères, connus pour

leurs vertus aimables et leurs guerres glorieuses, pour-
suivis par une accusation aussi injuste que redoutable,
ne purent trouver un avocat dans cette compagnie si
nombreuse du barreau de Bordeaux; il fallut leur
donner des défenseurs d'office.... Messieurs, elles doivent être voilées des signes du deuil les pages qui
raconteront ces faits dans notre histoire.

Ces souvenirs ont pesé longtemps sur tous les
membres du barreau de Bordeaux; et, parmi les accusations qu'ils ont fait naître, M. de Martignac n'a pas
été épargné. Blessé par une allusion faite à ce propos
dans la chambre des députés, il se releva vivement sous
l'offense :

« Je commence par déclarer, dit-il, ce qu'on ignorait
sans doute, que ce fait m'est complétement étranger;
que les deux frères Faucher ne se sont pas adressés
à moi, et que j'étais absent de Bordeaux lorsqu'ils
furent jugés... »
« Ce serait, ajouta-t-il, une grave question que celle
de savoir si un avocat, qui a juré de ne pas défendre
une cause qu'il ne croirait pas juste en son âme et
conscience, est cependant forcé, par le seul choix de
l'accusé, de lutter contre une accusation qu'il croirait
légitime; si l'humanité a ses droits, la conscience a
aussi les siens. »

Devant une explication aussi nette, le soupçon doit
s'effacer. Mais est-il vrai que l'humanité soit ici en lutte

avec la conscience? Je ne le crois pas. Nous avons vu de nos jours, dans des causes bien autrement désespérées, de grands avocats dont le cœur n'a pas reculé devant les difficultés de la défense; et la conscience publique a proclamé qu'ils avaient fait un noble usage de leur éloquence et relevé la dignité humaine, *en essayant de faire luire un rayon de vérité sur des âmes* coupables, mais *immortelles, qui allaient retourner au sein de Dieu.*

Après le rétablissement de la légitimité, M. de Martignac ne resta plus longtemps dans notre profession. Dans le courant de l'année 1819, il était nommé avocat général à Bordeaux. Sa vie appartient désormais à la magistrature, où il sut montrer les aptitudes conformes à sa nouvelle condition.

On n'est pas embarrassé en France lorsqu'on veut tracer le portrait du magistrat. L'histoire nous offre d'imposantes figures, les Harlay, les Molé, les d'Aguesseau. Mais ces fiers personnages dépassent les proportions de notre temps. Les luttes politiques des Parlements, où ils ont pris ce souffle altier qui fait leur grandeur, ont cédé la place à un rôle plus réduit, qui demande des vertus plus modestes. M. de Martignac n'était point taillé sur le patron de ces grands modèles; mais il offre une figure plus humaine, et un esprit qui est plus le nôtre. Il n'avait qu'à suivre son humeur, pour trouver cette mesure exquise, entre la rigueur et la faiblesse, qui est celle d'une bonne justice, et il n'avait garde de résister à cet heureux penchant. Il n'était point de ces

magistrats qui cherchent à se pousser par des excès de
zèle; son ambition trop haute répugnait à ces pratiques
indignes de son talent. Mais il aimait à montrer dans son
ministère la modération unie à la fermeté et ce je ne
sais quoi de séduisant qui le suivait partout. C'était
comme un grand fonds de douceur, qu'il se plaisait à
peindre et à rehausser par toutes les aimables qualités
qui ornaient sa personne.

Cette disposition n'ôtait rien à son énergie lorsque
le devoir la rendait nécessaire; il y puisait au contraire
une force plus grande, parce qu'il se sentait plus impartial. Aussi, lorsqu'une instruction scrupuleuse lui a fait
reconnaître la nécessité d'une accusation, sa parole si
gracieuse prend un air viril; il devient incisif, nerveux,
pressant; il a des teintes sombres dans la peinture du
crime; il en réclame le châtiment, non point avec cette
vigueur factice qui ne serait qu'une convenance de ses
fonctions, mais avec l'émotion d'une âme révoltée, qui
s'épanche tout entière, et, dans les mouvements confus
qui l'agitent, entraînée par ces retours soudains qui
sont bien dans la nature humaine, ne craint pas de s'attendrir sur les coupables et de payer tribut à la pitié.

Écoutons-le dans l'affaire Bonniau.
Il s'agit d'un assassinat. — Un vieillard revenait la
nuit d'un pas chancelant et aviné vers sa demeure, située
dans une campagne solitaire. Il avait, avant de se mettre
en route, laissé voir, dans une auberge de la ville voi-
sine, une bourse garnie de pièces d'or. La bourse avait

été aperçue, le vieillard suivi et accompagné, avec des
témoignages d'amitié, par un jeune homme déjà coupable de vol. Des passants attestaient les avoir reconnus
sur la route dans l'obscurité. — Le lendemain, le vieillard était mort ; son cadavre, marqué à la nuque d'un
coup de pierre, gisait sur le chemin. — C'est M. de
Martignac qui présente et soutient l'accusation.

Dès ses premières paroles se révèle ce mélange de
réserve et de fermeté :

« L'accusation que nous vous avons déférée est d'une
telle gravité, l'action qui s'y rattache révolte tellement
le cœur et l'esprit, que nous avons voulu conserver le
plus longtemps possible l'espérance de la voir s'évanouir.
Cette espérance vague et obstinée, nous la conservions
encore à l'ouverture de ces tristes débats, sans pouvoir
nous rendre compte à nous-même des motifs qui la
soutenaient. Les débats l'ont détruite sans retour ; il ne
nous reste plus l'heureuse ressource de l'hésitation et du
doute. Le crime se montre à nous dans sa hideuse
nudité, et notre ministère nous presse et veut être rempli.

« La société a un crime à punir. — Un de ses membres est tombé sous les coups d'un lâche et barbare
assassin. Cette tête brisée, ce cerveau mutilé proclament
le meurtre, et ce sang crie vengeance. La justice qui la
lui doit n'a plus qu'à rechercher le meurtrier. Ses recherches l'ont conduite vers cet homme ; vous savez maintenant si elles l'ont égarée. »

Il trace la peinture du crime :

« Dans une âme corrompue, qu'aucun principe d'honneur ne défendait contre les conseils de la cupidité, la pensée du crime devait naître de l'aspect de l'or. Jean Bonniau, déjà initié dans la fatale science du vol, ne lutta pas même contre cette pensée. Cet homme est imprudent et confiant ; il est affaibli par l'âge et troublé par le vin ; je suis fort et audacieux : cet argent, qu'il a la folle vanité de nous montrer, sera bientôt en mon pouvoir. Il faudra traverser du sang pour l'atteindre ; mais j'aime l'or et je n'ai pas peur du sang.

« Le projet est conçu ; le plan est arrêté ; il s'exécute : le coupable marche vers le crime ; il va attendre sa victime ; il l'accompagne ; il l'occupe de vains projets qui ne doivent pas se réaliser ; il marche lentement et invoque la nuit.

« La nuit arrive. Le moment est venu. Le lieu est solitaire ; personne ne vient, personne n'entend ; l'homme voué à la mort marche sans défiance ; le succès est sûr ; pour le danger, il n'existe pas. La justice humaine ! nul témoin n'est là pour l'éclairer, et tout à l'heure, il n'y aura rien à craindre de la victime. La justice divine ! elle est tardive et incertaine.

« Ainsi calcule le criminel. Aucune arme n'est en son pouvoir ; mais dans une main forcenée une pierre peut devenir un instrument de mort. Un coup affreux frappe la victime ; elle tombe ; son or funeste lui est ravi ; l'assassin s'enfuit, et l'humanité pleure. »

Le meurtrier, pour se disculper, avait essayé d'une diversion, et ses accusations n'avaient même pas ménagé

la famille de la victime. M. de Martignac repousse cette
audacieuse tentative :

« Les motifs du crime sont expliqués par ce qui l'a
suivi. — Merliaud (c'est la victime) était porteur d'une
somme d'argent. Elle a été vue, trop vue; elle était en
son pouvoir quand il fut frappé; elle lui a été enlevée.
Le vol a donc été l'objet du crime. L'assassinat n'a donc
été qu'un moyen de succès et d'impunité.

« L'assassin est donc un voleur.

« Rien n'appelle ailleurs vos soupçons, rien ne
distrait votre conscience de celui qui lui est déféré.
C'est ici, là, qu'est le criminel; c'est à cette place qu'il
faut le chercher. Il se cache à l'ombre du mensonge et
cherche un abri sous l'égide du talent; mais notre devoir
est de l'y découvrir et de vous le montrer sans cesse. »

Il termine ainsi :

« Messieurs, une autre voix va bientôt s'élever pour
nous combattre; nous savons quelle est son énergie.
Nous pressentons quels effets on doit attendre de la réu-
nion du plus heureux talent, du plus estimable caractère
et d'un nom qui se fait honorer à la fois dans la magistrature et dans le barreau. En l'écoutant, vous vous
défendrez du prestige de la parole et des illusions de la
sensibilité.

« Si ses efforts parviennent à détruire les faits ou
leur conséquence, s'il subjugue votre raison, s'il éclaire
votre conscience, nous applaudirons nous-même à un

succès qui ne coûtera rien à la justice. Mais si votre cœur seul est ému, si c'est votre pitié qui lutte contre votre conviction, ressouvenez-vous bien de l'action, et n'en perdez pas l'horreur.

« Cupidité, froide combinaison, lâche barbarie, tels sont ses caractères. Un homme déjà coupable, déjà puni, qui marche à pas de géant dans la carrière où il est entré, tel en est l'auteur.

« On vous rappellera sa jeunesse, songez à sa férocité anticipée; on vous montrera la peine, regardez le crime; on vous fera frémir de pitié en vous parlant du sang prêt à couler; frémissez d'indignation en pensant à celui qu'il a répandu.

« Enfin, si le talent, prêtant son secours au malheur mérité, parvient à votre cœur et le touche, nous ne vous dirons pas : « Soyez insensibles! » un tel effort est au-dessus de votre pouvoir; mais nous vous dirons : « Hommes, pleurez; juges, prononcez! »

Il y avait à peine un an que M. de Martignac était avocat général à Bordeaux, lorsqu'il fut nommé procureur général à Limoges.

La flatteuse distinction d'un avancement si rapide et l'ambition de diriger les recherches de la justice dans une des Cours du royaume, ne purent apaiser pour lui la tristesse de quitter cette ville de Bordeaux où il avait toutes ses habitudes, ses affections, ses souvenirs d'enfance et de jeunesse, où ses amis étaient à côté de lui dans la magistrature et le barreau, où il les retrouvait le soir dans la familiarité des réunions intimes, où il jouissait, au milieu de la sympathie générale, des honneurs attachés à ces fonctions qu'il remplissait avec éclat.

Dans son discours d'adieu, son émotion se trahit; il s'adressait en ces termes au barreau :

« Peu de mois se sont écoulés depuis que j'ai cessé de m'asseoir dans ce barreau où la faiblesse trouve des appuis, le malheur des secours, la raison des armes et la justice des lumières. Il m'en souvient encore, je regardais avec émotion la place que j'abandonnais et autour de laquelle je voyais encore l'amitié, et cependant je m'éloignais bien peu et c'était pour me rapprocher de vous.

« Aujourd'hui les regrets reviennent plus amers, et la consolation n'est plus là. »

Il exprimait ensuite la crainte de rencontrer des préventions dans ces contrées où l'appelaient ses nouveaux devoirs.

Ces préventions, personne n'était mieux fait que lui pour les dissiper. Dès son discours d'installation, il avait gagné tous les cœurs. Il n'y dissimulait pas les regrets qu'il avait emportés de Bordeaux, mais, en même temps, il rappelait avec adresse qu'il n'était pas étranger au pays qu'il venait administrer.

Ce discours n'apprenait rien sur son talent dont la réputation l'avait précédé; mais on fut bien étonné quand

on vit cet homme délicat déployer une activité prodi-
gieuse dans les parties les moins attrayantes de l'administration. Une correspondance volumineuse qu'il a
laissée, prouve qu'il ne négligeait aucune matière, pas
même les questions de tarif. Il n'oubliait pas le barreau.
Désireux d'assurer à notre profession cette exacte discipline qui est la condition de sa dignité, il fit exécuter
dans tout le ressort la loi qui instituait des *jurys d'honneur*. Mais les plus grands efforts de son zèle étaient
pour améliorer le sort des condamnés qui marquaient
quelque repentir. Lorsqu'il avait pu obtenir des lettres
de grâce, il en demandait l'entérinement lui-même et
avec un certain apparat.

« Et vous, Messieurs, » disait-il en s'adressant aux
magistrats, « consignez dans vos archives ce nouveau
monument d'une clémence que rien ne lasse ni n'égale.
C'est là ce que nous venons vous demander aujourd'hui,
en remplissant la plus facile et la plus douce des obli-
gations de notre ministère. Heureux les magistrats à
qui de pareils devoirs sont imposés! Heureux les peuples qui ne sentent le pouvoir qui les gouverne que par
le bien constant qu'il leur fait. »

Belles paroles, que Fénelon n'eût pas désavouées.
Ces occupations ne l'empêchaient pas de tenir l'audience
dans les affaires importantes. Ces jours-là, le beau
monde de la ville affluait au palais. M. de Martignac
voyait avec plaisir cet empressement à l'écouter; et
cette satisfaction intime apparaissait dans le soin qu'il
apportait à ses discours. Un magistrat, qui a prononcé

son éloge, lui reproche même de n'avoir point assez dédaigné les applaudissements « de *ce sexe, dit-il, qu'on ferait mieux d'écarter du prétoire, où il ne saurait porter que des distractions mondaines et une frivole curiosité.* »

Si ce désir de plaire pouvait à l'audience contracter le front de quelque censeur, les inconvénients de cette petite vanité étaient réparés au dehors par les avantages qu'en retirait l'administration. Les salons de la maison Nivet, qui était en hiver la résidence de M. de Martignac, les ombrages de sa villa de Fonjaurand ont laissé dans la bonne société de Limoges les souvenirs encore vivants d'une hospitalité généreuse et empressée, embellie par tous les agréments de l'esprit et de la politesse, et où venaient s'oublier, sous l'effet des plus attrayantes séductions, les anciennes rancunes des partis. Ce fut le mérite de l'administration de M. de Martignac qu'elle contribua plus qu'aucune autre à l'apaisement des querelles politiques; et je relève ce fait avec bonheur, parce qu'il témoigne des effets de la modération.

Ce zèle pacifique reçut sa récompense, la plus chère à une noble ambition. En 1821, le collége de Marmande, qu'il présidait, envoya M. de Martignac à la chambre des députés.

Il allait donc entrer dans cette carrière politique qu'il remplit par tant de beaux discours et de belles actions, au milieu d'événements les plus variés et les plus émouvants! Carrière glorieuse, dont les succès s'accrurent chaque année; où nous le verrons, changeant d'opinion sans compromettre sa loyauté, dépouiller les préventions d'un royalisme défiant pour s'abandonner aux espérances d'une liberté progressive ; faire luire sur la France, dans son court ministère, comme l'aurore d'une vie nouvelle trop vite évanouie ; et, lorsqu'une révolution eut brisé la monarchie de son choix, illustrant par l'éloquence et le dévouement la ruine de son parti, disputer à l'échafaud le ministre qui l'avait renversé, et jeter, avant de mourir, une dernière plainte sur cette dynastie déchue qu'il n'avait pu sauver de l'exil et voulait soustraire au bannissement.

Lorsque M. de Martignac entra dans la chambre, la Restauration se jetait d'un pas résolu dans cette voie de réaction violente qui devait la conduire à sa perte. Un instant contenue, sous le ministère Dessolles, par le génie de M. de Serre, elle avait entraîné celui-là même qui avait essayé de l'arrêter.

M. de Serre, que les événements nous présentent ici dans un rôle analogue à celui qu'essaya plus tard M. de Martignac, était l'homme qui lui ressemblait le moins. Né dans la Lorraine, mais élevé en Allemagne pendant l'émigration, il avait porté à la tribune l'ardeur militante d'une race qui a produit plus de soldats que d'orateurs, et l'esprit dogmatique des écoles d'outre-Rhin. C'était, avec la froide conception de l'homme d'É-tat, le tempérament d'un tribun. Sa parole était pleine d'orages. Lorsque les idées s'étaient amassées dans son cerveau, elles se répandaient comme un feu dévorant. Après avoir, durant plusieurs années, soutenu, la tête haute, tous les assauts des ultra-royalistes, établi la liberté de la presse, flétri les assassinats du Midi, séparé de la gauche par la question du rappel des bannis, il avait vu en un jour s'évanouir sa popularité. Alors, il avait vainement cherché un terrain solide où il pût fixer sa politique. Ramené violemment vers la droite, il avait été plutôt toléré qu'accueilli par elle, jusqu'au jour où elle l'avait renversé pour reprendre, sous M. de Villèle, les desseins interrompus par l'ordonnance du 5 septembre.

M. de Martignac était uni au ministère de Villèle par le lien des convictions politiques et de l'amitié. Ses anciens confrères, Ravez et Peyronnet, étaient, l'un président de la chambre, l'autre ministre. C'était sous leurs auspices qu'il avait été élu. Ils avaient compté sur son zèle et son talent. M. de Martignac tenait à honneur de répondre à ces marques de confiance. Il entra aussitôt dans la lice, et fit ses débuts, avec un remarquable succès, comme rapporteur de la commission chargée d'examiner le projet de loi sur la presse, qui rétablissait la censure. Il soutint ensuite, avec le même avantage, et toujours en qualité de rapporteur, les projets les plus importants, les lois sur l'expédition d'Espagne, la septennalité, l'indemnité des émigrés, les substitutions... Pourquoi suis-je obligé d'ajouter que ces mesures étaient des moins favorables à la liberté?

Transporté des champs pacifiques du barreau et de la magistrature sur le terrain de la politique, M. de Martignac se trouvait sur une scène toute nouvelle. Au lieu de ces audiences de la cour de Bordeaux, qui avaient

le tranquille éclat des séances académiques, et de cet
auditoire silencieux, au milieu duquel il parlait à Limoges avec l'autorité du magistrat, il rencontrait
dans la chambre comme une arène embrasée, au-dessus
de laquelle flottaient toutes les colères qui devaient se
mesurer sur la place publique aux journées de juillet.
Les interruptions, les défis, les menaces s'échangeaient
à la tribune et sur les bancs de l'assemblée. Ces infa-
tigables orateurs de la gauche, Foy, Manuel, B. Constant, Casimir Périer, étaient sans cesse sur la brèche,
harcelant les partisans du ministère. M. de Martignac
fit à son premier discours l'épreuve de cette humeur
belliqueuse. Lorsque ces vétérans virent le nouveau
député soutenir avec une aisance candide les rigueurs
préparées contre la presse, ils ne lui ménagèrent ni les
dédains ni les sarcasmes. Mais l'orateur gascon était
passé maître en fait de raillerie et pouvait donner des
leçons aux plus avisés. Chaque interruption qui touchait
cette nature sensible éveillait un mouvement plein d'à-
propos ou une vive repartie, qu'il jetait en s'inclinant
avec un incomparable sourire. Ses adversaires, voyant
qu'il n'y avait avec lui rien à gagner à ce jeu-là, le
laissèrent déployer à l'aise les merveilles de sa parole;
ils ne tardèrent pas à se convaincre qu'il y avait plus
d'avantage à l'écouter qu'à l'interrompre.

M. de Martignac apportait à la Chambre ces aptitudes qui, dans une assemblée, sont utiles à tous les
partis : un talent d'exposition très-rare et une faculté
unique pour résumer les discussions.

Personne ne savait mieux que lui distribuer la lumière dans une matière confuse et donner aux choses les plus difficiles à exprimer cette forme qui saisit par l'exactitude et la vérité. Il s'y distinguait d'autant mieux que la passion n'altérait jamais la justesse de ses vues.

Ces qualités le faisaient choisir comme rapporteur dans les questions importantes. Alors, il exposait dans un ordre lumineux, avec un choix discret et désintéressé, les raisons propres à fixer l'opinion, en faisant une large part à celles qui n'entraient pas dans ses sentiments.

A la fin des débats, il en présentait le résumé et donnait son opinion personnelle. Concentrer en quelques mots toute une discussion, passionnée, orageuse, déchirée par mille incidents, comme sont les délibérations des grandes assemblées; saisir, au milieu de cette mer ondoyante de paroles, et sans en omettre aucune, les raisons importantes; les exprimer avec concision, sans les affaiblir; leur laisser un caractère original et cependant leur donner une figure nouvelle et comme rajeunie; jeter enfin sur ces membres épars et ces débris inanimés l'unité, la lumière, la couleur et la vie : c'est un art dont peu d'hommes sont capables. M. de Martignac porta cet art à sa perfection.

Ces qualités lui conciliaient l'attention; ses manières aimables lui gagnaient la bienveillance. Au milieu des agitations de la chambre, il gardait une inaltérable urbanité. Lorsque les colères grondaient autour de lui,

jamais on ne surprit sur ses lèvres ni un mot blessant,
ni une allusion malveillante. Le spectacle seul de ces
excès lui causait une amertume qui perçait dans ses
discours. Il envisageait les luttes de la parole comme
des tournois où l'on fait assaut de politesse; et jamais
gentilhomme, en combat singulier, ne salua de l'épée
avec plus de grâce qu'il n'en mettait à frapper ses
adversaires.

Cette courtoisie prenait sa source dans un grand
fonds de libéralité qui lui faisait envisager toutes choses
sous le plus noble aspect. Là était aussi le secret de son
éloquence. Toutes les pensées qui traversaient son
esprit y prenaient l'empreinte de sa générosité. Quand
les autres orateurs de son parti parlaient de rigueur et
de compression, il parlait de confiance et d'amour pour
la royauté; lorsqu'ils s'emportaient contre leurs ennemis,
il s'adressait à leur cœur; lorsqu'ils provoquaient la
colère, il éveillait les sympathies. Sa parole, dans ses
ardeurs les plus vives, gardait toujours cette onction
persuasive à laquelle le cœur de l'auditoire s'ouvre avec
bonheur. Aussi, lorsque, emporté par son zèle monar-
chique, il s'élançait par-dessus les âges, pour évoquer
ces traditions de fidélité, de dévouement et d'honneur
qui passionnaient l'ancienne France, et qu'abîmé lui-
même dans ces sentiments, il laissait, sous l'effet de
l'émotion, flotter les harmonies de sa voix au gré des
mouvements qui agitaient son cœur, alors l'assemblée
était sous le charme : les vieux royalistes frémissaient
de plaisir comme aux échos lointains des temps cheva-
leresques; la gauche se soulevait à demi, à la fois

inquiète et subjuguée, et les plus indociles ne pouvaient que s'écrier : « Tais-toi, sirène ! » sentant qu'il fallait imposer silence à l'enchanteur pour lui résister.

Cette première période de la vie politique de M. de Martignac avait été marquée par une mission en Espagne, où il accompagna le duc d'Angoulême en qualité de commissaire civil.

Je ne voûs raconterai pas cette guerre d'Espagne, qui fut une des erreurs de la Restauration. La France donnait le spectacle d'un gouvernement constitutionnel qui allait chez un peuple voisin détruire une constitution libérale au profit du pouvoir absolu. Par une contradiction trop fréquente, elle éprouva moins de peine à vaincre la résistance du parti qu'elle était venue combattre, qu'à réprimer les fureurs de celui qu'elle était venue soutenir.

Les fonctions du commissaire civil consistaient à servir d'intermédiaire entre le chef de l'expédition et la junte chargée d'administrer pendant la captivité de Ferdinand. Il devait s'attacher à prévenir les excès des vengeances politiques. Ce personnage de représentant de la France triomphante et modératrice était dans les goûts de M. de Martignac. Il se montra à la fois brillant et humain, et la pacification d'Andujar témoigna de ses efforts pour faire prévaloir les inspirations de la clémence. L'image de cette expédition, où il avait eu le rôle pacifique, resta dans sa mémoire parmi ses plus chers souvenirs; il en parlait dans les chambres avec un plaisir visible et il avait commencé d'en écrire l'histoire dans les dernières années de sa vie, lorsqu'il fut interrompu par la mort.

Vers l'année 1827, M. de Martignac avait été l'objet des plus flatteuses récompenses. Il avait été nommé membre du conseil privé, conseiller d'État, directeur du domaine; la chambre l'avait élu chaque année parmi ses vice-présidents. Pour mettre le comble à ces honneurs, il ne manquait plus qu'un ministère, et ce ministère lui semblait promis dans l'avenir par ses talents oratoires et son influence sur le côté droit. — Les mouvements survenus dans les chambres hâtèrent son avénement.

Vous savez comment tomba M. de Villèle, précipité par les mêmes rigueurs sur lesquelles il avait cru fonder son établissement. Il s'agissait d'entrer dans une voie plus modérée. M. de Martignac, par la réserve qu'il observait depuis un an dans les chambres et l'aménité si connue de son caractère, convenait à merveille à la situation. Aussi avait-il été désigné par M. de Villèle lui-même au roi, qui l'avait agréé. C'est ainsi qu'il fut porté au ministère. Mais lorsqu'en entrant au pouvoir, il jeta ses regards sur le monde agité au sein duquel il allait gouverner, et envisagea successivement le roi, la cour, les chambres et le pays, il put se rendre compte des obstacles qui l'attendaient dans ses nouvelles fonctions.

Prince aimable, loyal, magnifique, galant dans sa

jeunesse, devenu, sous l'impression du malheur, austère
et même dévot dans l'âge mûr, fidèle à ses amis comme
à son Dieu, beau cavalier, passionné pour les exercices
du corps qui entretenaient sa verte vieillesse, le roi
Charles X réunissait en sa personne toutes les distinc-
tions de l'antique race de France. Il eût fait un admi-
rable monarque du moyen âge, et, lorsqu'il eût passé
devant le front de ses peuples dans la pompe de la
majesté royale, les peuples inclinés eussent salué avec
recueillement le chevaleresque descendant de saint Louis.
Mais nul n'était moins préparé que lui à conduire au
XIXe siècle une nation régie par des institutions consti-
tutionnelles. Gouverner avec la majorité des chambres,
subir la volonté du pays, c'était à ses yeux chose incom-
patible avec la royauté. « J'aimerais mieux, disait-il,
scier du bois que de régner à la façon du roi d'Angleterre. » Quand on nourrit sur le trône de France de
semblables pensées, on s'expose à gagner par une voie
sanglante la terre de l'exil. La catastrophe de 1830 ne
put le convertir : sur le pont du vaisseau qui l'empor-
tait vers l'Angleterre, il répétait au capitaine Dumont
d'Urville : « Ce sont les concessions qui nous ont
perdus. »

Convaincu, par la chute du ministère Villèle, qu'il
était impossible de gouverner par des voies régulières,
il ne considérait le nouveau cabinet que comme un
instrument de transition. Déjà la fatale pensée des ordonnances germait dans son cœur, et il cherchait, au
delà de M. de Martignac et de ses collègues, un homme
assez aveuglément dévoué pour les exécuter. Il était

entretenu dans ces idées par sa famille, par un conseil privé qui était son véritable ministère, par cette coterie dont les discours de l'opposition avaient souvent signalé l'influence secrète comme un danger pour l'État.

Association mystique formée dans des vues temporelles, confondant les pratiques religieuses et les manœuvres de la politique, recrutée, avec un choix habile, de quelques âmes enthousiastes et convaincues, dont la ferveur jetait une teinte de sincérité sur un plus grand nombre de dévots ambitieux et de pieux intrigants, la congrégation aspirait à établir en France une royauté entourée d'institutions théocratiques, conception chimérique et surannée, que le moyen âge lui-même n'avait pu réaliser dans notre pays. Dirigée par les jésuites, avec l'habileté connue de cette célèbre compagnie, elle avait donné des chefs à l'administration, des officiers à l'armée, des magistrats à la justice, un précepteur au Dauphin, au roi des conseillers intimes; elle avait compté plusieurs ministres dans le cabinet de Villèle; elle épiait l'occasion de prendre complète possession du gouvernement.

Le reste des courtisans appartenait à M. de Villèle et aux autres chefs de la faction ultra-royaliste. Dans cette cour, où toutes les nuances de la droite étaient représentées, le ministère seul était sans parti.

Plus heureux dans la chambre des pairs, il pouvait compter sur cette majorité qui avait plusieurs fois repoussé les projets du précédent cabinet; mais l'introduction de nouveaux pairs créés par M. de Villèle menaçait cette majorité.

La chambre des députés offrait quatre fractions dont aucune n'était assez forte pour dominer l'assemblée. La majorité était aux mains de cette partie flottante qu'on appelait la défection. — Elle se tourna vers la gauche.

Derrière les chambres, le pays, par les récentes élections, montrait une tendance prononcée vers les idées libérales.

Ainsi, un roi défiant, une cour hostile, une majorité, douteuse dans la chambre des pairs, plus incertaine dans la chambre des députés, une opinion publique entraînée par l'esprit nouveau, tels étaient les éléments contraires et inconsistants au milieu desquels M. de Martignac allait tenter l'œuvre impossible d'asseoir un gouvernement de conciliation.

Dans cette entreprise, il était soutenu par un cabinet composé d'hommes sincères et éprouvés chacun dans sa spécialité, mais sans génie. On remarquait M. Portalis, orateur disert et jurisconsulte distingué; M. Roy, dont l'immense fortune attestait la capacité financière; Mgr Feutrier, évêque de Beauvais, prélat de manières aimables et d'esprit assez libéral pour résister aux envahissements du clergé; enfin M. de Vatimesnil, dont l'éloge a été prononcé dans cette enceinte avec un tel succès, qu'il serait téméraire d'y rien ajouter.

Quatre mesures importantes ont marqué dans l'histoire le ministère passager auquel M. de Martignac attacha son nom. La loi électorale, la loi sur la presse,

les ordonnances sur l'enseignement ecclésiastique, les
projets de lois départementale et municipale.

La création de listes perpétuelles, publiques, ouvertes
au contrôle des tiers qui pouvaient provoquer l'inscrip-
tion ou la radiation des électeurs ; l'attribution faite aux
Cours d'appel du jugement en dernier ressort des difficultés électorales, jusque-là soumises à la compétence
administrative ; la suppression des procès de tendance,
de la censure facultative, de la nécessité, pour fonder un
journal, d'obtenir l'autorisation du gouvernement ; le
règlement, conformément aux lois antérieures, du nombre et de la discipline des pensionnats ecclésiastiques ;
enfin, l'interdiction faite aux jésuites de s'occuper de
l'enseignement : telles étaient les concessions loyalement faites aux exigences du temps par les lois sur
les élections et sur la presse, et les ordonnances du
16 juin 1828. Ces mesures, sans doute, n'étaient point
irréprochables. On pouvait regretter les cautionnements
énormes qui frappaient les journaux même littéraires,
et les amendes considérables qui pouvaient, en certains
cas, absorber ces cautionnements. Si, d'autre part, les
ordonnances du 16 juin donnaient une double satisfaction à la loi et à l'opinion publique, si elles étaient
pour le ministère l'accomplissement d'un devoir et une
habileté politique, elles éveillent au cœur de l'histo-
rien le sentiment qu'inspire toute législation arbitraire.
Quels que fussent les torts des jésuites, le plus beau
privilége de la liberté n'est-il pas de protéger ceux-là
mêmes qui lui sont le plus hostiles ? Ces dispositions,
néanmoins, indiquaient avec franchise les intentions

des ministres, et ces intentions étaient encore attestées
par une foule de mesures secondaires : la suppression
du cabinet noir, cette honteuse confiscation de la conscience publique, le rétablissement des cours supprimés
dans plusieurs Facultés, enfin l'attitude du gouvernement aux dernières élections partielles, où, spectateur
impartial des luttes des partis, il avait borné son rôle à
maintenir l'ordre et la liberté. Exemple mémorable et
trop rarement imité !

Mais pour apprécier toute la valeur de ces innovations,
il faut savoir quels efforts elles ont coûtés ! Le roi opposait une résistance obstinée et provoquait des luttes où
M. de Martignac consumait son génie ; le parti de la
cour remplissait les chambres, les journaux, les salons,
d'invectives violentes et de prédictions sinistres ; le
clergé, soulevé par les ordonnances du 16 juin, était à
peine apaisé par la voix du saint-père ; la gauche, un
instant ralliée, avait fait entendre dans la discussion sur
la presse des paroles de défiance et des récriminations
amères : de toutes parts s'élevait un murmure désap-
probateur qui montait jusqu'aux ministres. — Le roi
en jouissait en secret et songeait aux futures ordonnances.

A ces difficultés toujours croissantes, M. de Martignac opposait une apparente sérénité. Il se prodiguait
et cherchait par ses paroles, par ses manières, par ses
encouragements, par le charme intime qu'il savait si
bien répandre, à ramener les esprits. Il protégeait les

lettres, donnait aux écrivains et aux artistes des secours et des facilités, visitait les prisons, les hospices,
les musées, les expositions, présidait à des réunions
utiles; il disait à la Société d'agriculture, avec un
accent de mélancolie : « Lorsque vous jetez un regard
en arrière, vos travaux ont une douceur que rien
ne trouble et que n'altère aucun regret. » En même
temps, il accompagnait le roi dans ce voyage d'Alsace
qui fut une continuelle ovation. Dans les chambres,
jamais sa voix n'avait rendu des sons plus doux. « Il
voulait, — a dit un poëte, — avec du miel et des parfums, réunir dans la France apaisée tous les drapeaux
en un seul. » — Mais quoi ! ce n'était pas avec du miel
et des parfums que Mirabeau dominait l'Assemblée con-
stituante.

Au fond, il souffrait. Il y a des esprits hautains qui
se plaisent à braver les orages. Tel n'était pas M. de
Martignac. Il avait besoin de faveur. Sa bienveillance
voulait se retremper dans la bienveillance d'autrui. Les
attaques dont il était l'objet agitaient d'une façon
extraordinaire sa nature nerveuse. La moindre piqûre,
un article de journal, lui donnait la fièvre. Sa vie
était devenue une suite d'émotions et de blessures, pro-
fondes comme sa bonne volonté. Il avait offert sa démis-
sion; le roi avait refusé; les temps n'étaient pas venus.
Et cet homme, si cruellement déchiré, restait fixé par
devoir à ce poste qu'on l'accusait de garder par ambition.

Cette situation ne pouvait durer. La discussion des

lois départementale et municipale en précipita le dénouement.

Ces deux lois, faites pour se modérer l'une l'autre, étaient conçues dans des esprits opposés. La loi départementale, favorable à l'aristocratie foncière, organisait des conseils généraux nommés par les assemblées d'arrondissement, et des conseils d'arrondissement élus par les assemblées cantonales ; la loi municipale, plus démocratique, établissait des conseils municipaux choisis par les communes, avec un maire et des adjoints désignés par le gouvernement. La commission de la chambre avait émis le vœu que le maire et les adjoints fussent pris dans le sein du conseil municipal, et le ministère avait accédé, de fort bonne grâce, à cette proposition.

Dans la chambre des députés, la discussion se concentra sur la question des conseils d'arrondissement. La commission voulait les supprimer ; les ministres luttaient pour les maintenir.

Ceux qui ont connu M. de Martignac s'accordent à dire qu'il ne fut jamais plus remarquable que dans cette séance où se décida le sort de son ministère. Il avait présenté lui-même les motifs des deux projets de loi, dans une exposition qui fut un chef-d'œuvre d'habileté. Lorsqu'arriva la discussion, resté seul, en face de la droite silencieuse, pour soutenir les assauts d'une majorité acharnée contre la loi, il remplit de sa parole la solitude qui s'était faite autour de lui ; et, son éloquence s'adressant à elle-même comme un appel désespéré,

elle eut toutes les flatteries et les caresses, elle y mêla
toutes les plaintes d'une âme ulcérée, elle éclata en
superbes protestations de la loyauté méconnue, elle
s'élança jusqu'aux sommets de l'histoire et de la politique, et fit retentir sur ces hauteurs les plus utiles aver-
tissements. Tous ces efforts vinrent s'abîmer dans une
querelle misérable sous les suffrages d'une opposition
imprévoyante, qui devait regretter le lendemain sa décision de la veille. La suppression des conseils d'arrondissement, votée par la chambre, amena le retrait des
deux projets de loi...

... Quelques mois après, M. de Polignac inaugurait
un nouveau ministère qui fut le dernier de la Restauration.

Ainsi tomba M. de Martignac. Deux années plus
tard, appelé, sous un nouveau régime, à présenter les
comptes de son administration, il adressa une invoca-
tion solennelle à l'histoire, et l'histoire a répondu pour
lui rendre une tardive justice.

Il n'eut pas ce génie qui entraîne ou maîtrise les
peuples ; mais il eut la loyauté avec un grand empressement à plaire et à être utile. Il céda autant qu'il put
le faire sans irriter la résistance du roi, et il est proba-
ble qu'il eût accordé davantage sous un prince moins
obstiné et plus confiant. Il se mit tout entier dans son
ministère ; il y versa son âme pure, sensible, éloquente,
et il vint se placer comme une radieuse image de la paix
entre un roi porté à provoquer et une chambre disposée
à combattre.

Il commit des fautes, sans doute ; il eut trop de confiance dans le roi, qui ne l'aimait pas, et ne pratiqua point assez l'accord avec la majorité, qui est la condition du régime parlementaire.

Mais la majorité elle-même, quels reproches ne dut-elle pas s'adresser ?

Ceux qui siégeaient à l'extrême gauche et souhaitaient un autre régime étaient conséquents avec eux-mêmes en renversant un ministère qui pouvait, à leurs yeux, consolider la légitimité. Mais avaient-ils bien réfléchi à toutes les suites des révolutions ? Sans parler du sang qu'elles répandent, des ruines qu'elles entraînent, des crises dont elles prolongent la durée, ceux qui ont étudié l'ancienne Rome leur diront que la même voie qui conduisait chez Caton aboutissait, par un léger détour, au palais d'Octave.

Quant à ceux des opposants qui n'avaient point des visées si hautes, leur tactique est inexplicable. Quelles étaient donc leurs prétentions ? S'il est vrai, comme l'affirment des historiens dignes de foi, que de secrètes ambitions, qui se sont plus tard trop dévoilées, et l'appétit du pouvoir aient déterminé leur vote, la postérité ne saurait infliger une condamnation trop sévère à ces politiques intéressés dont la conduite égoïste a compromis la liberté. En tout cas, ils ont fait preuve de vues bien courtes. Après le dépouillement du scrutin, qui avait mis en minorité le ministère, lorsqu'ils ont levé les yeux vers la droite, souriante, ironique, montrant son triomphe, ils ont pu juger que cette joie n'éclatait pas sur le chemin qui devait les conduire au gouvernement.

Étrange destinée ! ces conseils d'arrondissement, qui excitèrent tant de discordes et causèrent la chute du ministère, ont prolongé jusqu'à nos jours leur existence paisible ; cependant on nous dispute encore ces franchises de la presse et tant d'autres garanties que M. de Martignac avait si libéralement accordées !

Pour ceux qui, dégagés d'ambition personnelle, trop fiers pour subir les enchaînements des partis, n'ont qu'une pensée politique, la liberté, et poursuivent la réalisation de leur rêve indépendamment des questions de gouvernement et de dynastie, le ministère de M. de Martignac laisse une mémoire vénérée, avec un profond désenchantement inspiré par le souvenir des amertumes qui l'ont abreuvé.

Hâtons-nous de le dire, si cette pensée peut nous consoler, la crise qui provoqua sa chute devait éclater tôt ou tard. Je ne suis pas de ceux qui expliquent les événements par cette formule commode : « C'était écrit ! » Non, il n'était pas écrit que l'histoire serait un tissu d'oppressions et de désordres et que l'humanité marcherait comme enivrée entre les révolutions et les coups d'État ! Cependant, la connaissance que nous avons aujourd'hui des secrets ressorts qui gouvernèrent la politique à cette époque, ne nous laisse aucun doute ; entre un roi opiniâtrement tourné vers le passé et une nation que ses intérêts et ses passions emportaient vers l'avenir, une rupture était inévitable.

Vous savez comment elle s'est produite. — Le

9 août 1829, le *Moniteur* avait annoncé la formation du ministère Polignac ; le 9 août 1830, la chambre des députés nommait un nouveau roi, pendant que la branche aînée des Bourbons prenait pour la troisième fois le chemin de l'exil.

Cependant, quatre des ministres qui avaient participé aux ordonnances : MM de Polignac, de Peyronnet, de Chantelauze, de Guernon-Ranville, étaient décrétés d'accusation. La chambre des pairs était érigée en haute cour de justice pour prononcer sur leur sort. M. de Polignac, obligé de répondre de sa conduite, eut l'heureuse inspiration d'invoquer l'appui de son ancien rival.

Être appelé, en face d'une révolution triomphante et dont le succès justifiait sa politique, à étendre la protection de sa parole sur l'adversaire qui l'avait renversé, quelle gloire pour M. de Martignac ! je dirais quelle satisfaction, si l'âme, en ces occasions cruelles, pouvait connaître d'autre sentiment que la pitié ! La fortune devait à M. de Martignac une réparation ; elle la lui donnait à la fois douloureuse et solennelle.

La séance s'ouvrit au Luxembourg, le 4 octobre 1830.

Ce fut un de ces spectacles dont la majesté ne se peut décrire, parce que l'effet en est moins encore dans l'apparence extérieure que dans les mystérieux sentiments qu'ils éveillent au fond de l'âme humaine.

Dans ces antiques bâtiments du Luxembourg, pleins de souvenirs de grandeur et de misère, tour à tour palais et prison, la chambre des pairs était réunie avec un appareil imposant et lugubre : dans les tribunes, les premiers dignitaires de l'État, les plus hauts personnages des cours étrangères, les orateurs les plus marquants de la chambre des députés, enfin tous les représentants de la presse recueillant, pour les jeter à la foule avide, les moindres incidents de cette séance pleine d'émotion ; sur le banc des accusés, quatre hommes de grand talent ou de grande naissance, il y a quelques mois ministres préférés d'un roi maintenant exilé, placés sous la prévention d'un de ces crimes dont la grandeur vague n'a d'égale que la peine qui les attend et sous la sanglante image de la guerre civile qu'ils avaient provoquée ; l'un d'eux, dont les malheurs remontaient, à travers une suite d'aventures tragiques, jusqu'à cette belle Yolande de Polastron, princesse de Polignac, funeste amie d'une reine morte sur l'échafaud ; au pied de l'édifice, la force armée qui résistait à peine aux assauts d'une multitude pleine de clameurs, de colères et de menaces de mort : en un mot, tout ce que l'autorité humaine a de plus redoutable se dressant au-dessus de ce que les révolutions ont de plus terrible ; cela dans une capitale immense, agitée d'une sombre attente et tourmentée de mouvements séditieux, et l'on peut dire aussi sous les yeux du monde entier, qui assistait en silence et se demandait si la France allait recommencer le drame de quatre-vingt-treize : telle fut la scène au milieu de laquelle M. de Martignac se leva pour invo-

quer cette puissance « éternelle, immuable, inaccessible
aux passions, indépendante du temps et des événements,
que rien n'altère, que rien n'émeut, que rien ne change,
dont les devoirs sont invariables, car elle a pour règle
unique la vérité et la loi : » la justice.

Son discours est trop présent à vos esprits pour que
j'essaye, par une analyse froide et incomplète, de lutter
contre vos souvenirs. Vous savez avec quel langage il
peignit cette dynastie si confiante renversée après deux
restaurations successives ; le roi Charles X allant cacher
derrière les montagnes de l'Écosse les douleurs de son
troisième exil, au moment où le dey d'Alger, vaincu par
ses armes, abordait captif sur le sol de France ; la dé-
faite si près de la victoire ! puis une autre monarchie
s'élevant sur les ruines de l'ancienne au milieu d'institutions nouvelles et sous un drapeau différent ; tant de
changements accomplis en trois jours ! Il fit sortir de
ce tableau des réflexions propres à incliner les cœurs
vers la clémence par la pensée des vicissitudes humaines,
réflexions que les événements survenus dans la suite
ont dû ramener plus d'une fois dans la mémoire de ceux
qui les avaient entendues.

Lorsque ses regards, en se reportant vers les accusés,
s'arrêtèrent sur M. de Peyronnet, il trouva des paroles
émues pour rappeler leur enfance et leur jeunesse passées dans les mêmes joies et les mêmes peines, puis
leurs luttes souvent amères dans les dernières années, et
montrer, dans le donjon de Vincennes, la seule amitié
survivante sur les traces effacées de leurs rivalités.

Mais c'est à l'histoire de son ministère et à la justification de son rival que l'attendait l'impatience de l'auditoire. Depuis longtemps dans les salons et dans la presse on se demandait comment il y pourrait excuser une politique dont sa conduite personnelle avait été la plus éclatante censure; il y avait là comme un défi adressé à son habileté. Aussi lorsqu'il toucha à ce sujet important, il y eut dans la chambre un de ces frémissements suivis aussitôt d'un profond silence, qui témoignent d'une curiosité excitée au dernier point. Jamais le sens exquis de M. de Martignac ne se montra mieux que dans cette épreuve. Il ne céda rien sur ses principes, et cependant il sut jeter un vif intérêt sur l'accusé.

« Il existait un homme, dit-il, connu par sa longue fidélité, par son dévouement absolu à la dynastie régnante, par son attachement sans bornes à la personne du roi Charles X, un homme éprouvé par de longs dangers et de longs malheurs, qui avait rarement habité la France, qui en connaissait peu l'esprit et les dispositions...

« Cet homme, doué d'une piété vive et sincère, dont les mœurs étaient pures, les manières affables et polies, était toutefois capable de résolution et de ténacité. Les difficultés les plus sérieuses ne l'arrêtaient pas; non qu'il eût en lui, ni même qu'il se sentît la force suffisante pour les vaincre; mais, quand une détermination considérée comme un devoir avait été prise par lui, il était plein de confiance dans le sentiment ou la pensée qui la lui avait suggérée; il croyait aisément ce qu'il sentait, et il marchait avec assurance vers son but, fermant les yeux sur les obstacles.

« C'était l'homme auquel on pouvait penser au jour du danger, non peut-être pour le conjurer, mais pour lutter contre lui, avec une complète abnégation de soi-même. »

En représentant M. de Polignac comme la victime d'une aveugle abnégation, M. de Martignac adressait un appel délicat à la générosité de la chambre. Il espérait que l'image du dévouement, même fanatique et dangereux pour l'État, ne laisserait, une fois le danger passé, subsister dans l'esprit des juges d'autre sentiment que cette pitié mêlée de sympathie qu'éveille toujours la vue du sacrifice.

Il termina par ces paroles, où il montrait la nécessité de la modération :

« Au bruit de la révolution qui vient de s'accomplir, le souvenir des révolutions passées a réveillé au dehors toutes les idées de désordres, de malheurs et de cruautés. Après le premier tribut arraché à la surprise, on cherche à flétrir ce qu'on a loué...

« Pairs du royaume, l'arrêt équitable et humain que vous allez rendre, et le respect avec lequel il sera entendu, auront bientôt détrompé ceux qui s'abusent ainsi en leur apprenant que de tout ce qui a signalé les révolutions passées, la France n'a voulu conserver que l'amour de la liberté et le courage qui sait la défendre... »

Parmi les ministres accusés, M. de Peyronnet seul prit la parole. Il fut ce qu'il avait toujours été, superbe, même en face de cette chambre prête à le juger. Il ne s'humilia point, il ne se rétracta point. Quand il en vint aux ordonnances : « *Pourquoi, dit-il, les ai-je signées? Ce secret est dans mon cœur et n'en doit point sortir.* » C'est ainsi qu'il fit admirer dans le péril cette fierté qu'on lui avait reprochée dans l'exercice du pouvoir.

Vous savez quel fut l'arrêt de la chambre, mais ce que vous ne savez pas, ce sont les angoisses qui ont précédé cette décision dans le cœur de M. de Martignac. Les pairs, sans doute, inclinaient à la modération; mais, parmi ces hommes d'un courage inégal, il en était que les menaces de la foule avaient effrayés à ce point qu'ils songeaient à immoler un des accusés pour sauver les autres et se préserver eux-mêmes. La victime désignée était naturellement M. de Polignac. Le secret de cette résolution avait été révélé à son défenseur; il paraît même que des ouvertures lui avaient été faites pour qu'il abandonnât son client... Abandonner son client! trahir la dernière espérance du malheur! c'était un de ces actes pour lesquels l'histoire ne saurait avoir trop de flétrissures. Et c'était à M. de Martignac qu'il était proposé, à lui qui avait sacrifié aux devoirs de la défense jusqu'à sa vie, car il ressentait les premières atteintes du mal dont il devait mourir. J'ai entendu dire à la personne qui l'accompagnait qu'il s'était rendu à la chambre dans un état d'agitation incroyable, et qui lui permettait à peine de prononcer quelques paroles entrecoupées. Lorsqu'il arriva, les conseils de la clémence avaient prévalu. Les accusés ne furent condamnés qu'à la déportation.

Après avoir défendu les ministres, il était réservé à M. de Martignac de prendre la défense du roi lui-même.

Depuis longtemps, en proie à une violente maladie d'entrailles causée par les fatigues du dernier procès, il se tenait éloigné de la chambre, lorsqu'un député, M. de Briqueville, présenta une proposition de bannissement contre la branche aînée des Bourbons. M. de Martignac reparut à la tribune pour épargner à la famille exilée une nouvelle amertume, et, à son pays, la honte d'une rigueur sans objet.

Il rappela les enseignements de l'histoire, l'exemple de tant de familles royales tour à tour bannies et rétablies sur le trône, prouva que le bannissement à perpétuité n'était qu'une chimère ; puis, demandant à la chambre quelle serait la sanction d'une loi si rigoureuse chez une nation où le sort d'un proscrit n'éveille que l'intérêt et la sympathie :

« Qu'un de ces bannis, » dit-il, « que votre proposition punit, soit conduit en France par la fatalité et y cherche un asile ; qu'il aille frapper à la porte de l'auteur même de la proposition, que cette porte s'ouvre, que le proscrit se nomme, qu'il entre ; et moi, je lui réponds d'avance de sa sûreté.

« On vous a parlé de l'Écosse ! Eh bien, Messieurs,

demandez à l'Écosse à qui s'adressait le petit-fils de Jacques II quand il demandait du pain pour apaiser sa faim ; un habit, quand il était nu ; un asile, pour reposer sa tête, quand il était poursuivi ; on vous répondra qu'il s'adressait aux familles de ses ennemis, et on vous dira : Il le pouvait, car il était proscrit.

« Messieurs, cela est beau, cela est honorable pour l'humanité ; mais cela repousse votre projet de loi. C'est un grand mal, dans un pays, quand la loi ordonne ce que l'honneur défend : en France, c'est toujours la loi qui succombe. »

Il y avait dans la parole de M. de Martignac une émotion profonde, et ce souffle d'inspiration mélancolique et supérieure que donne l'approche de la mort. La chambre fut vivement touchée ; le souvenir de lord Chatam se présenta un instant à tous les esprits. — Mais la proposition fut votée.

Depuis ce jour, M. de Martignac ne parut plus à la chambre des députés. Sa maladie faisait des ravages affreux ; il avait des crises violentes qui devenaient de plus en plus répétées. Il disait aux médecins qui cherchaient à le consoler : Ou vous me trompez, ou vous vous trompez vous-mêmes ; mais je sens que je vais mourir. Le décès de sa mère, arrivé le 20 mars 1832, hâta sa fin.

Avant de quitter cette terre, il voulut régler les derniers intérêts qu'il pouvait y laisser. Il fit établir le bilan de sa fortune personnelle, afin de la distribuer entre ses héritiers, et témoigna sa joie en voyant qu'après avoir exercé de si hautes fonctions dans l'État, il ne possédait pas plus de cent mille francs.

Il n'avait pas d'enfants, mais il avait un neveu qu'il avait toujours gardé près de lui. Il aurait désiré l'adopter; la mort ne lui en laissait pas le temps. Il écrivit au roi Louis-Philippe une lettre touchante, où il le priait de transporter sur cette tête si chère son nom qu'il pensait n'être pas sans gloire dans l'avenir. Une ordonnance royale accomplit après sa mort cette suprême volonté.

Quand il eut terminé ses dispositions avec le monde, il put jeter un suprême regard sur sa longue et brillante carrière. Les années les plus récentes en étaient les plus glorieuses. Ses derniers, ses plus beaux discours avaient été pour la liberté, pour ses adversaires accusés, pour son roi déchu. Satisfait du passé, confiant dans la justice de l'avenir, il passa sans secousse dans ces régions de l'harmonie éternelle dont il avait fait entendre sur cette terre un impérissable écho.

PARIS. — J. CLAYE, IMPRIMEUR, RUE SAINT-BENOIT, 7.